CUS.

French Words I Use...

À l'école

le papier

le scotch

les ciseaux

les feutres

Danièle Bourdais & Sue Finnie

W

FRANKLIN WATTS
LONDON • SYDNEY

First published in 2006

by Franklin Watts

Copyright © 2006

Franklin Watts

338 Euston Road

London NW1 3BH

Franklin Watts Australia
Level 17/207 Kent Street
Sydney, NSW 2000

© Franklin Watts 2006

Editor: Jeremy Smith
Series design: Mo Choy
Art director: Jonathan Hair
Photography: Chris Fairclough

CIP data

A CIP catalogue record for this book is
available from the British Library

Dewey no 448.3' 421

ISBN: 9 7807 4966 7986

Printed in China

Franklin Watts is a division of Hachette Children's Books.

Table des matières

Dans le couloir   4

La salle de classe   6

La leçon de dessin   8

La cour de récré   10

À la cantine   12

La leçon de musique   14

À la bibliothèque   16

Les ordinateurs   18

L'école est finie   20

C'est quoi?   22

Translation   24

About this book
This book introduces children learning French to some key words for talking about the world around them. Simple texts allow the reader to progress beyond single words and to learn some useful phrases. Regular questions encourage children to talk about themselves and give their own opinions.
A quiz is provided on page 22-23 to check how well you have remembered some of the new words, with answers at the bottom of the page. A translation of all the text appears on page 24.

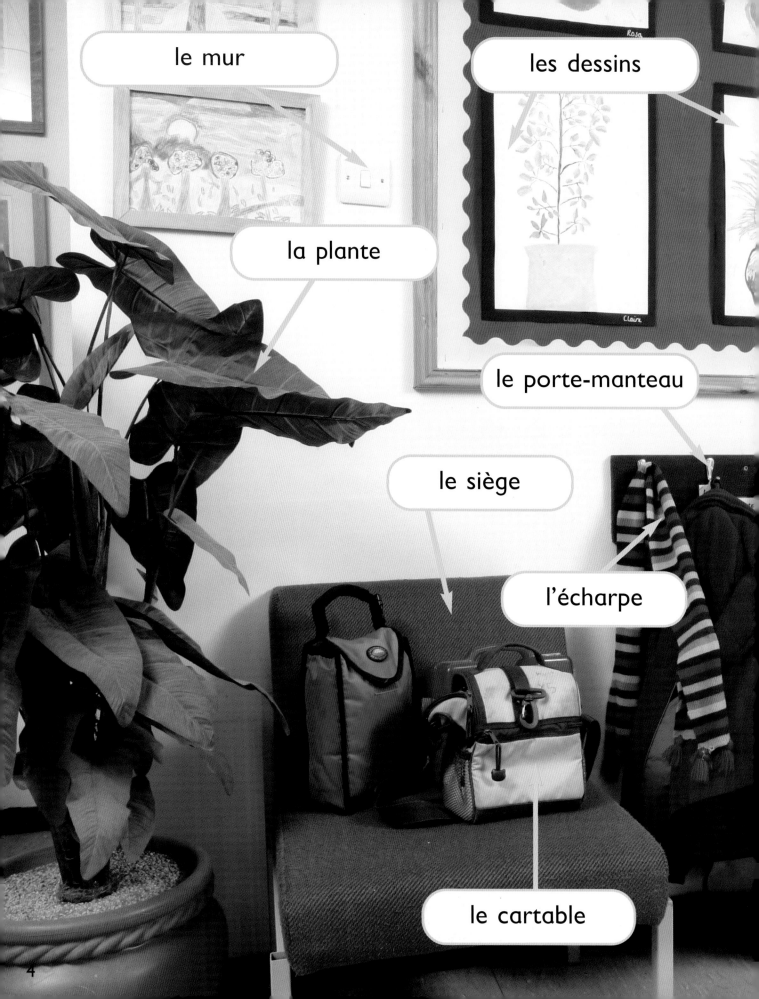

le tableau d'affichage

le bonnet

le manteau

Dans le couloir

"Bonjour! Je m'appelle Aïsha. Voici mon école. Dans le couloir, on met **les manteaux**, **les cartables** et les boîtes à déjeuner. Sur **le mur**, il y a **des dessins**. C'est joli, non?"

Tu aimes aller à l'école?
Oui ☑ Non ☒

5

le tableau d'affichage

le cahier

la chaise

les tiroirs

le tableau blanc

le globe terrestre

la table

la poubelle

stickle bricks

polydron

lego

lego

lego

La salle de classe

Voici **ma classe**. Les murs sont blancs et **les chaises** sont bleues. Il y a beaucoup **de tiroirs**. C'est bien rangé! J'aime bien écrire **au tableau** et regarder **le globe terrestre**.

Il y a un globe terrestre dans ta classe?
Oui ☑ Non ☒

le bâton de colle

les crayons de couleur

le scotch

les feutres

le taille-crayon

le papier

la trousse

les ciseaux

La leçon de dessin

Ce matin, on fait des mosaïques. On découpe des formes avec **les ciseaux**. On colle les formes sur **le papier**. Ensuite, on colorie avec **les feutres** ou **les crayons de couleur**.

?

Regarde cette page. Tu vois quelles couleurs? Je vois du bleu, …

le terrain de jeu

la cage à poules

la maîtresse

la raquette

la balle

le jeu de cour

le portail

le banc

les élèves

La cour de récré

C'est la récré. **Les élèves** sont dans la cour. Les garçons jouent avec **des raquettes** et **une balle**. Les filles discutent. La **maîtresse** surveille.

Qu'est-ce que tu fais à la récré? Tu joues? Tu discutes?

la boîte à déjeuner

la fourchette

l'assiette

la cuillère

la banane

le jus de fruit

l'eau

la pomme

12

la table

l'assiette creuse

le gobelet

À la cantine

À midi, Samuel mange le sandwich et **les bananes** de sa **boîte à déjeuner**. Lucie et Claire mangent le repas de la cantine. On boit **de l'eau** ou **du jus de fruit**.

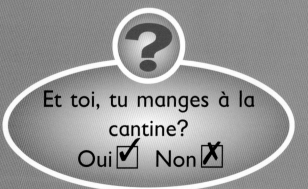

Et toi, tu manges à la cantine?
Oui ☑   Non ☒

La leçon de musique

Cet après-midi, on a musique. Tout le monde a un instrument.
Max et Laura jouent **du violon** et Anna joue **du pipeau**.
Il y a un petit orchestre dans l'école. C'est super!

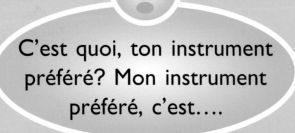

C'est quoi, ton instrument préféré? Mon instrument préféré, c'est….

la couronne de grelots

le violon

les vidéos

l'étagère

la chaise

la page

le tapis

16

À la bibliothèque

la bibliothèque

les livres

le bac à livres

Aïsha dit: "Je suis à **la bibliothèque** de l'école. Ici, c'est super! On prend **un livre** dans **le bac à livres** ou sur **l'étagère**. Moi, j'adore lire, surtout les histoires d'animaux."

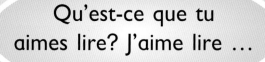

?

Qu'est-ce que tu aimes lire? J'aime lire ...

Les ordinateurs

Dans la classe, il y a **des ordinateurs** et **une imprimante**. C'est le tour de Marco et de Nicole de travailler sur l'ordinateur. Marco a **les écouteurs**. Travailler sur **l'ordinateur**, c'est amusant!

l'ordinateur

les écouteurs

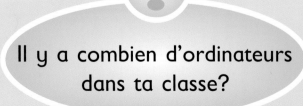

? Il y a combien d'ordinateurs dans ta classe?

l'imprimante

l'écran

la disquette

le CD

la souris

le clavier

L'école est finie

Kevin et Katie rentrent à la maison avec leur **maman**. Ils portent **l'uniforme** de **l'école**: un pull gris et un pantalon noir pour les garçons, un gilet vert et une jupe verte pour les filles.

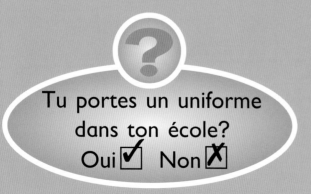

Tu portes un uniforme dans ton école?
Oui ☑ Non ☒

le toit

la concierge

les plantes

l'école

l'arbre

la porte d'entrée

la maman

la fenêtre

l'uniforme

C'est quoi?

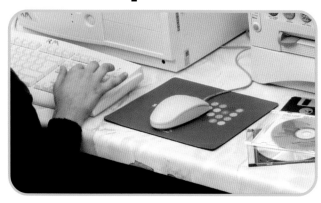

1. a) la souris b) la cuillère

2. a) le jus de fruit b) l'eau

3. a) l'écran b) le tableau d'affichage

4. a) les feutres b) les ciseaux

5. a) la trousse b) le cartable

6. a) l'arbre b) la plante

7. a
8. b

9. b
10. a

11. b
12. b

7. a) une assiette b) un gobelet

8. a) le pipeau b) le violon

9. a) le scotch b) la colle

10. a) le cartable b) l'ordinateur

11. a) le pipeau b) le tambourin

12. a) l'uniforme b) le porte-manteau

Translation

AT SCHOOL

Pages 4-5 In the corridor
Hello! My name's Aïsha. This is my school. In the corridor, we leave our coats, schoolbags and lunch boxes. On the wall, there are some drawings. It's pretty, isn't it?
Q: Do you like going to school? Yes/No

le bonnet	hat
le cartable	schoolbag
les dessins	pictures
l'écharpe	scarf
le manteau	coat
le mur	wall
la plante	plant
le porte-manteau	coat hook
le siège	chair
le tableau d'affichage	display board

Pages 6-7 The classroom
This is my classroom. The walls are white and the chairs are blue. There are lots of drawers. It's very tidy! I like writing on the board and looking at the globe.
Q: Is there a globe in your classroom? Yes/No

le cahier	exercise book
la chaise	chair
le globe terrestre	globe
la poubelle	bin
la table	table
le tableau blanc	whiteboard
le tableau d'affichage	display board
les tiroirs	drawers

Pages 8-9 The art lesson
This morning, we're making mosaics. We cut out shapes with scissors. We stick the shapes on paper. Then we colour them with felt tip pens and colouring pencils.
Q: Look at this page. What colours can you see? I can see blue, …

un bâton de colle	glue stick
les ciseaux	scissors
les crayons de couleur	pencils
les feutres	felt-tip pens
le papier	paper
le scotch	sticky tape
le taille-crayon	pencil sharpener
la trousse	pencil case

Pages 10-11 The playground
It's break-time. Pupils are in the playground. Boys are playing with rackets and a ball. Girls are chatting. The teacher is watching.
Q: What do you do at break-time? Do you play? Do you chat?

la balle	ball
le banc	bench
la cage à poules	climbing frame
les élèves	pupils
le jeu de cour	game
la maîtresse	teacher
le portail	gate
la raquette	racket
le terrain de jeu	playing field

Pages 12-13 In the canteen
At lunchtime, Samuel eats the sandwich and the bananas from his lunchbox. Lucie and Claire are eating a school lunch. They drink water or fruit juice.
Q: Do you eat in the canteen? Yes/No

l'assiette	plate
l'assiette creuse	bowl
la banane	banana
la boîte à déjeuner	lunch box
la cuillère	spoon
l'eau	water
la fourchette	fork
le gobelet	beaker
le jus de fruit	drink cartoon
la pomme	apple
la table	table

Pages 14-15 The music lesson
This afternoon, there is a music lesson. Everybody has an instrument. Max and Laura play the violin and Anna plays the recorder. There is a small orchestra at school. It's great!
Q: What is your favourite instrument? My favourite instrument is…

l'archet	violin bow
la couronne de grelots	sleigh bells
les maracas	maracas
le pipeau	recorder
le tambourin	tambourine
le tube résonant	wooden block
le violon	violin

Pages 16-17 In the library
Aïsha says: "I am in the school library. It's great here. We take a book from the book box or from the shelf. I love reading, specially stories about animals.
Q: What do you like reading? I like reading…

le bac à livres	book box
la bibliothèque	bookcase
la chaise	chair
l'étagère	shelf
la page	page
les livres	books
le tapis	rug
les vidéos	videos

Pages 18-19 Computers
In the classroom, there are some computers and a printer. It's Marco and Nicole's turn to work on the computer. Marcho has the earphones on. Working on the computer is fun!
Q: How many computers are there in your class?

le CD	CD
le clavier	keyboard
la disquette	disk
les écouteurs	headphones
l'écran	screen
l'imprimante	printer
l'ordinateur	computer
la souris	mouse

Pages 20-21 Home time
Kevin and Katie are going home from school with their mum. They are wearing their school uniform: a grey jumper and black trousers for the boys, a green cardigan and a green skirt for the girls.
Q: Do you wear a uniform at your school? Yes/No

l'arbre	tree
la concierge	caretaker
l'école	school
la fenêtre	window
la maman	mum
les plantes	plant
la porte d'entrée	door
le toit	roof
l'uniforme	the uniform